Wimmelspaß

Fahrzeuge

CARLSEN

In der Stadt herrscht großer Trubel: Die Müllabfuhr ist unterwegs, Lieferanten bringen Pakete, und Leute kaufen ein. Oje, was macht denn die Entenfamilie da?

In der Stadt

das Feuerwehrauto

die Ente

der Motorroller

die Kehrmaschine

der Jeep

das Kind

Nr 1
1
2
2

»Jaaaa! Gewonnen!« Die Menge jubelt. So ein aufregendes Rennen haben die Zuschauer schon lange nicht mehr gesehen. Aber was ist dem Fahrer im gelben Rennauto nur passiert?

Auf der Rennbahn

das Huhn 

 die Zielflagge

der Maulwurf 

 die Kamera

der Schutzhelm 

 der Reifen

Endlich geht es in den Urlaub! Fast zumindest, denn leider gibt es erst einmal Stau. Vollgepackte Autos, geräumige Wohnwagen und große Lastwagen müssen anhalten.

Im Stau

die Pferdekutsche

der Fallschirm

das Schaf

der Traktor

der Sonnenhut

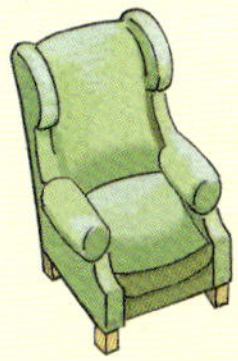

der Sessel

An der Tankstelle

An der Tankstelle ist einiges los. Puh, da kommt die neue Lieferung gerade recht! Wer tummelt sich denn da noch alles auf dem Parkplatz?

der Leitkegel 

das Polizeiauto

der Mönch

 der Vogel

das Spielzeugauto 

 der Eimer

Oje, ein Unfall! Und das ausgerechnet an der Baustelle. Die Polizei ist schon da, um sich den Schaden anzuschauen, und auch ein Rettungswagen wurde gerufen.

Tatüü, tataa!

der Lastwagen

der Polizist

der Anhänger

die Schubkarre

der Krankenwagen

der Sanitäter

»Achtung am Bahnsteig 2! Ein Zug fährt ein.« Für manche Menschen geht die Reise am Bahnhof erst los, andere tragen ihr Gepäck nach der langen Fahrt zum Busbahnhof. Wohin der ICE wohl fährt?

Am Bahnhof

der Kinderwagen

der Roller

der Hund

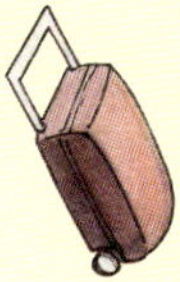

der Koffer

der Fensterputzer

der elektrische Rollstuhl

Juhu, es schneit! Eine Schneeballschlacht auf dem Parkplatz ist wunderbar. Siehst du auch den Schneemann, der gerade gebaut wird?

Der erste Schnee

der Schlitten

der Schirmständer

die Katze

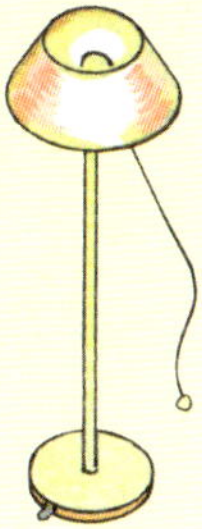

die Stehlampe

der Toaster

das Wohnmobil

Am Hafen gibt es viel zu tun: Riesige Container werden auf Schiffe geladen und in die ganze Welt transportiert. Was da wohl drin ist?

Am Hafen

die Möwe

der Gabelstapler

der Teddybär

die Uhr

der Rettungsring

der Affe

Finn ist heute bei seinen Großeltern auf dem Bauernhof. Am liebsten spielt er dort Verstecken. Hinter den großen Sonnenblumen entdeckt ihn bestimmt niemand!

Auf dem Bauernhof

die Vogelscheuche

die Kuh

das Rutschauto

der Hahn

der Milchtankwagen

der Werkzeugkasten

Na, so was, die Straßen sind ganz schön rutschig und auf der Autobahn ist Stau! Ob die Urlauber wohl noch rechtzeitig nach Hause kommen?

Auf der Autobahn

der Regenschirm

der Abschleppwagen

der Jogger

das Eichhörnchen

der Lieferwagen

die Dachbox

Heute ist Heiligabend! Der Schnee glitzert wunderschön. Kommt dort etwa der Weihnachtsmann? Er muss sich auf seinem Motorschlitten ganz schön beeilen!

Weihnachten

der Schneeräumer

der Schneemann

der Tannenbaum

der Stern

die Langläuferin

der Förster

Entdeckst du diese Bildausschnitte im Buch?